MÉMOIRE

SUR

LES FINANCES.

MÉMOIRE

SUR

LES FINANCES,

ET

PROJET D'UNE LOI

POUR ORGANISER ET ASSURER LE PAIEMENT DES ENGAGEMENS INTÉRIEURS ET EXTÉRIEURS DE L'ÉTAT.

PAR B.-F. DE L'HORME,

ANCIEN MEMBRE DE LA CHAMBRE DES DÉPUTÉS.

A PARIS,

CHEZ FAVRE, Libraire, au Palais-Royal.

1815.

MÉMOIRE

SUR

LES FINANCES,

ET

PROJET D'UNE LOI

Pour organiser et assurer le paiement des engagemens intérieurs et extérieurs de l'Etat.

CHAPITRE PREMIER.

Objet de l'Ouvrage.

L'objet de ce mémoire est de présenter un moyen d'assurer le paiement des engagemens de l'État.

CHAPITRE II.

Des moyens d'assurer le paiement des engagemens de l'État.

Ils se réduisent à quatre, les voici :

1°. Un emprunt à l'étranger.

2°. Une addition annuelle d'impositions équivalente à la somme à payer.

3°. Une émission d'obligations à terme.

4°. Un emprunt intérieur, ou en d'autres termes, une émission d'inscriptions au grand-livre.

CHAPITRE III.

Examen de ces moyens.

Le premier est impossible, ou du moins, fortement onéreux.

Le deuxième est plus chimérique encore.

Le troisième était infaillible en 1814 ; mais aujourd'hui la proportion est rompue entre les ressources et les besoins. Comment soutenir le crédit des obligations qui seraient nécessaires ; comment parvenir sur-tout à acquitter régulièrement leur masse effrayante ?

Le quatrième est le seul qui me paraisse praticable ; je vais essayer de le défendre.

CHAPITRE IV.

De l'émission des Inscriptions.

Quand un Gouvernement créé des inscriptions, et qu'il les fait vendre à son profit sur la place, pour en appliquer le produit à ses besoins, il emprunte.

Le mérite de cette sorte d'emprunt est de s'opérer à prix débattu, sans lésion apparente ni pour le prêteur ni pour l'emprunteur.

Si l'inscription se place avantageusement, l'État qui la vend fait évidemment une bonne affaire.

Lors donc qu'il se trouve dans une semblable hypothèse, il doit soutenir de son mieux le cours des effets publics.

Pour soutenir les effets publics, il faut que le Gouvernement inspire la plus grande confiance, 1° à ceux qui sont déjà ses créanciers, 2° à ceux qui aspirent à le devenir.

Cette confiance résultera d'abord du mode établi pour assurer le service des intérêts; ensuite du mode établi pour en garantir le remboursement. S'il y a sécurité sur ces deux points, il y aura nécessairement confiance.

CHAPITRE V.

De l'acquit des engagemens de l'État, par une émission d'inscriptions.

J'ai dit que ce moyen était le seul praticable : il s'agit actuellement de le prouver.

Je n'entends pas que le Gouvernement se soldera purement et simplement par des émissions d'inscriptions, au profit de qui de droit. Ce système de libération serait encore plus impossible que les autres ; j'entends que le Gouvernement vendra ses inscriptions au cours, afin de se procurer, par leur réalisation, l'argent dont il aura besoin.

Au premier aperçu, on sera disposé, peut-être, à rejeter un tel projet sans examen. Examinons-le, au contraire, avant de le rejeter.

Voyons d'abord quel est l'état de notre crédit.

CHAPITRE VI.

De l'état actuel du crédit.

Le crédit du trésor n'est pas entier sans doute, mais il n'est pas non plus détruit.

Non seulement il n'est pas détruit, mais il ne demande qu'à se relever.

Si les fonds publics baissent ; c'est à regret, pour ainsi dire. La moindre chance favorable les ferait remonter. Dans leur situation présente, ils assurent à leur acquéreur un intérêt de 9 p. o/o., ou trois quarts par mois. Une maison de commerce un peu gênée, quoique solide d'ailleurs, ne place pas toujours sa signature à si bon prix.

CHAPITRE VII.

Possibilité d'une émission d'inscriptions.

Sous le rapport de l'état du crédit, une émission d'inscriptions se présente déjà avec des chances de succès.

On objectera deux choses.

La première est que l'émission des inscriptions en fera baisser le prix, et que les opérations successives du Gouvernement empireront toujours d'autant plus.

La deuxième, que l'intérêt de 9 p. o/o par an, bien qu'onéreux, n'est pas encore le seul inconvénient de l'emprunt par vente d'inscriptions, puisqu'on s'expose, en outre, à ne recevoir que 50 fr. pour 100 fr. qu'on donne, si le cours est à 50, tandis qu'il faudra rembourser un jour par l'effet de l'amortissement 100 fr. au lieu des 50 qu'on aura reçu, si le cours se bonifie et remonte au pair.

Ces objections semblent fondées; mais le plan que je propose a précisément pour objet de combattre la baisse des inscriptions, et de les relever à un degré tel que le trésor (hors d'état de faire d'ailleurs une opération bonne sous tous les rapports) la fasse néanmoins aussi avantageuse que les circonstances le permettent.

CHAPITRE VIII.

Bases générales du plan.

Après avoir rapidement examiné quelques questions préliminaires, je viens à mon plan.

Je propose de faire solder tous les engagemens du trésor, par le concours de trois caisses.

La première serait la caisse du trésor ; elle recevrait le produit de toutes les impositions existantes ou à créer ; elle paierait, jusqu'à concurrence, les dépenses ordinaires de l'État, dans lesquelles serait compris l'entretien des troupes alliées, le surplus, quelle qu'en fût l'importance, devrait être versé à la caisse d'amortissement.

La deuxième serait la caisse de l'extraordinaire; les valeurs dont elle disposerait se composeraient uniquement des inscriptions créées à son profit, et par elle vendues au cours sur la place ; elle serait chargée d'acquitter tout l'arriéré et tous les engagemens extérieurs de l'État.

La troisième serait la caisse d'amortissement ; elle aurait au crédit de son bilan,

1°. Son avoir actuel ;

2°. Tout l'excédant du budget, c'est-à-dire que si la recette effective des impositions établies ou à établir, est de 650 millions, comme il est possible et vraisemblable, et que la dépense ordinaire soit de 500 millions seulement, la caisse du trésor versera à celle d'amortissement un excédant de 150 millions.

3°. Le produit de la vente des forêts, des biens communaux et celui des cautionnemens, et généralement toutes les valeurs extraordinaires quelconques.

A l'aide de ces trois valeurs, la caisse d'amortissement rachèterait les effets publics.

CHAPITRE IX.

De l'action mécanique de ce plan.

Elle est facile à saisir ; elle consiste

1°. A opérer la libération de l'État par le jeu d'une pompe foulante et aspirante, constamment en exercice.

2°. A emprunter journellement, mais aussi à rembourser journellement.

3°. A donner à la caisse d'amortissement le ressort le plus actif, et à l'enrichir à cet effet de toutes les ressources possibles de l'État.

D'une part, donc, la caisse de l'extraordinaire empruntera ;

Mais d'autre part, la caisse d'amortissement attaquera sans relâche l'importance de la dette.

L'une tendra, sans cesse, il est vrai, à faire baisser le cours, mais l'autre tendra toujours à le relever.

On se tromperait si on inférait que dès lors le cours demeurera en équilibre et stationnaire; l'effet du rachat journalier sera bien plus puissant que celui de l'émission journalière.

Au fait, et sauf l'exception de quelques joueurs, l'intérêt de tous les porteurs d'inscriptions, est de les voir se bonifier; or, quelle plus belle prime ouverte à leur espérance, que ce rachat habituel dont l'influence irait toujours en croissant, puisqu'enfin, au bout de peu d'années, l'Etat étant entièrement acquitté envers l'étranger ou les créanciers arriérés, la caisse d'amortissement finirait nécessairement et sans obstacle, par porter le cours à son plus haut dégré d'élévation.

Dans l'espèce et lorsque la quotité des sommes est aussi considérable, on peut prévoir qu'un rachat annuel, égal seulement à la moitié de l'émission annuelle, la balancera avec avantage.

Cette assertion n'est pas dénuée de preuves, et l'Angleterre nous en fournirait au besoin; nous-mêmes nous avons vu le ministre éclairé, qui dirigeait nos finances en 1814, ramener rapidement les obligations, au pair par la seule puissance d'un rachat de 200 mille francs par jour.

CHAPITRE X.

Actif de la caisse de l'extraordinaire.

Au mois de janvier 1814, la dette perpétuelle était de 1232 millions de francs représentés par 61 millions 600 mille francs d'intérêt.

Je propose de la porter à deux milliards représentés par 100 millions d'intérêt.

L'actif de la caisse de l'extraordinaire se composerait donc de 778 millions, représentés par 38 millions 400 mille francs d'intérêt annuel.

Un tel actif suffira, bien entendu, qu'au fur et à mesure des besoins; le Gouvernement y ajoutera une valeur égale à celle des extinctions annuellement opérées par la caisse d'amortissement, de manière que si, en 1816, 200 millions ont été amortis, la caisse de l'extraordinaire aura la faculté d'émettre deux cent millions en sus de 778, et ainsi de suite. Pour demeurer dans ses limites légales, il faudra donc seulement que la caisse de l'extraordinaire ne porte pas la somme des inscriptions émises au delà de deux milliards en capital.

CHAPITRE XI.

Des sûretés à donner aux porteurs d'inscriptions.

L'influence de l'achat des effets publics sera sans doute très-puissante sur l'amélioration de leur cours, mais il est possible d'y ajouter beaucoup encore, en accordant aux porteurs de titres des sûretés, telles que l'acquit des intérêts ne puisse jamais être douteux ni retardé.

Pour obtenir ce résultat, il conviendrait

1°. D'hypothéquer la contribution foncière au paiement de la dette perpétuelle;

2°. De charger la banque de France des paiemens des intérêts;

3°. D'obliger les receveurs généraux à remettre à la banque des engagemens annuels équivalens à ce qu'elle devra payer, lesdits engagemens calculés d'après un marc le franc de cent millions sur la contribution foncière.

Le premier moyen est conforme aux principes. Le Gouvernement a des créanciers; il leur engage, à titre de sûreté, ce qu'il y a d'immobilier pour ainsi-dire dans la fortune nationale, c'est-à-dire la portion de revenu qu'il perçoit sur le produit de la terre.

Le second moyen serait d'un grand effet en ce qu'il transporterait en d'autres mains que celles du trésor, l'acquit des intérêts de la dette, et commettrait cette opération si influente sur le cours, à une association libre, populaire, indépendante et particulièrement intéressée elle-même à l'exactitude des paiemens.

Le troisième n'est qu'une organisation du premier. La contribution foncière étant hypothéquée aux créanciers de l'État, c'est sur ces produits qu'ils doivent être soldés. Rien donc de plus simple et de plus juste que la répartition au marc le franc, des cent millions d'intérêt sur tous les receveurs généraux, et que la délivrance de leurs engagemens à la banque, bien entendu qu'ils seront quittes envers le trésor des 100 millions dont il s'agit, en rapportant les récépissés de leurs engagemens.

CHAPITRE XII.

De la compensation des inscriptions.

On conçoit la puissance de ce qui vient d'être proposé, mais ce n'est pas tout encore; le Gouvernement peut réduire de beacoup la masse des inscriptions en circulation, et amener sur la place un grand nombre d'acquéreurs d'inscriptions nouvelles.

Il y parviendra au moyen de la compensatio.

J'entends par là, que tout propriétaire foncier aura le droit de compenser sa contribution foncière, en tout ou en partie, avec une inscription équivalente à la somme qu'il voudra compenser.

Si je dois au trésor, moi propriétaire foncier, une contribution de 1,000 francs, pourquoi ne me serait-il pas permis de la compenser avec une inscription de pareille somme?

Rien de plus simple, rien de plus fondé en droit, rien de plus avantageux aux deux parties, rien de plus facile à organiser.

On conviendra de cette dernière assertion, en réfléchissant que, d'une part, le dépôt entre les mains du directeur des contributions de l'inscription compensée, et d'autre part, une opposition à tout transfert, inscrite au nom de cet officier sur les registres de la trésorerie et de la banque, rendraient les abus impossibles.

Ajoutons, de plus, que la compensation rentre ici dans le droit du créancier, en tant qu'il serait nanti d'une hypothèque sur la contribution foncière, ainsi que je l'ai proposé.

CHAPITRE XIII.

De la Caisse d'amortissement.

Un dernier moyen de sécurité pour les créanciers de l'État, sera une nouvelle organisation de la caisse d'amortissement.

Celle que j'indique me paraît susceptible de contribuer fortement à l'amélioration du crédit.

Je ne dis rien de la caisse de l'extraordinaire; elle doit demeurer entièrement dans les attributions du ministre responsable.

CHAPITRE XIV.

Conclusion.

Ce mémoire est heureusement assez court pour n'avoir pas besoin de récapitulation; je le terminerai par trois observations importantes.

La première, c'est que la caisse de l'extraordinaire, en vendant par jour 30 à 40 mille francs de rente, réaliserait au bout de l'année, une somme égale à ce qu'elle sera tenue de payer. Il n'y aura donc dans ses mouvemens rien de trop forcé ni de trop rapide.

La deuxième, est que la hausse des effets publics, résultat que je crois infaillible, augmentera puissamment les ressources de l'État, en restituant aux porteurs de titres, la portion de capital que le cours trop bas leur fait perdre aujourd'hui.

La troisième est qu'un versement annuel de

cent millions numéraire dans les caisses de la Banque, ajoutera un degré de force énorme à cet établissement, et favorisera d'autant plus l'émission de ses billets, avantage précieux à une époque où il est permis de prévoir quelque diminution dans les espèces monnoyées.

PROJET DE LOI.

TITRE PREMIER.

De la Caisse de l'Extraordinaire.

ARTICLE PREMIER.

Il est créé une caisse dite de l'extraordinaire.

ART. 2.

Cette caisse sera organisée par le ministre des finances, et agira sous sa surveillance et sa responsabilité.

ART. 3.

Elle est chargée de solder la dette arriérée, et les engagemens extérieurs de l'État, tels qu'ils résultent du traité du 20 novembre 1815.

ART. 4.

Son actif est composé d'une valeur en inscriptions sur le grand-livre, de 778 millions en capital, représentés par 38 millions 400 mille fr.

d'intérêts, et en outre d'une somme égale à celle des rachats annuels de la caisse d'amortissement.

ART. 5.

La caisse de l'extraordinaire est autorisée à vendre, au cours journalier de la place, les inscriptions créées à son profit, et à en appliquer les produits à la libération de l'Etat.

TITRE II.

De l'hypothèque de la dette perpétuelle, et du paiement des intérêts.

ART. 6.

La contribution foncière est hypothéquée aux créanciers de l'État, jusqu'à concurrence de cent millions annuels, pour sûreté du paiement des intérêts de la dette perpétuelle.

ART. 7.

En exécution de l'article précédent, il sera fait sur les receveurs-généraux, un marc le franc annuel de cent millions à prendre sur la contribution foncière.

ART. 8.

Les receveurs généraux souscriront des engagemens pour une valeur égale à celle qui leur sera afférente par suite du marc le franc susdit.

ART. 9.

Ces engagemens seront remis à la banque de France, par les receveurs généraux et acquittés entre ses mains.

ART. 10.

La banque de France soldera chaque année avec ces valeurs les deux semestres de rentes perpétuelles, aux époques ordinaires de paiemens.

TITRE III.

De la compensation des inscriptions.

ART. 11.

Tout propriétaire foncier a le droit de compenser sa contribution foncière, soit en totalité, soit en partie, par une inscription équivalente à la somme qu'il entend compenser.

ART. 12.

Ceux desdits propriétaires qui voudront jouir du bénéfice de l'article précédent, en feront leur déclaration au directeur des contributions de leur département, et remettront à cet officier, à titre de dépôt, l'inscription dont ils offriront la compensation. Le directeur des contributions en avisera l'autorité compétente et fera prendre opposition à tout transfert ou paiement d'intérêt.

TITRE IV.

De la Caisse d'amortissement.

CHAPITRE PREMIER.

Organisation.

ART. 13.

La caisse d'amortissement est rég e par un directeur général et quatre administrateurs.

ART. 14.

Ces fonctionnaires sont nommés par la Chambre des Députés, et révocables à sa volonté.

ART. 15.

Aucune opération ne peut être faite par la caisse d'amortissement, qu'en vertu d'une loi.

ART. 16.

Au commencement de chaque session et toutes

les fois qu'il en est requis, le directeur général rend compte à la Chambre des Députés des opérations et du bilan de la caisse d'amortissement.

CHAPITRE II.

De l'actif de la Caisse.

ART. 17.

L'actif de la caisse est composé :

1°. De son avoir actuel ;

2°. De l'excédant annuel des contributions publiques, déduction faite des dépenses ordinaires ;

3°. De tous les produits extraordinaires, tels que ventes de bois, biens nationaux et communaux, cautionnemens, etc.

CHAPITRE III.

Des fonctions de la Caisse d'amortissement.

ART. 18.

La caisse d'amortissement employera annuellement toutes les valeurs liquides de son actif au rachat successif et journalier des inscriptions au grand-livre.

HACQUART, Imprimeur de la Chambre des Députés, rue Gît-le-Cœur, n. 8.

28

www.ingramcontent.com/pod-product-compliance
Lightning Source LLC
LaVergne TN
LVHW010409240826
846091LV00020B/2846